Mariana Rios

SABEDORIA DE BOLSO

MINOTAURO

Sabedoria de bolso

MINOTAURO é um selo da Editora Almedina do Grupo Editorial Alta Books (Starlin Alta Editora e Consultoria LTDA)

ISBN: 978-65-6143-014-2

Impresso no Brasil — 1ª Edição, 2024 — Edição revisada conforme o Acordo Ortográfico da Língua Portuguesa de 2009.

Dados Internacionais de Catalogação na Publicação (CIP)
(Câmara Brasileira do Livro, SP, Brasil)

Rios, Mariana
Sabedoria de bolso / Mariana Rios. -- São Paulo : Minotauro, 2024.

ISBN 978-65-6143-014-2

1. Crônicas brasileiras - Coletâneas 2. Poemas 3. Poesia brasileira - Coletâneas 4. Textos - Coletâneas I. Título.

24-207683 CDD-B869.8

Índices para catálogo sistemático:

1. Antologia : Literatura brasileira B869.8

Tábata Alves da Silva - Bibliotecária - CRB-8/9253

Grupo Editorial Alta Books

Produção Editorial: Grupo Editorial Alta Books
Diretor Editorial: Anderson Vieira
Editor da Obra: Marco Pace
Vendas Governamentais: Cristiane Mutüs
Gerência Comercial: Claudio Lima

Assistente Editorial: Andreza Moraes
Revisão: Thaís Cotts
Diagramação: Andreza/Tangente Design
Capa e Projeto Gráfico: Andreza/Tangente Design

ALTA BOOKS
GRUPO EDITORIAL

Rua Viúva Cláudio, 291 — Bairro Industrial do Jacaré
CEP: 20.970-031 — Rio de Janeiro (RJ)
Tels.: (21) 3278-8069 / 3278-8419
www.altabooks.com.br — altabooks@altabooks.com.br
Ouvidoria: ouvidoria@altabooks.com.br

Editora **afiliada à:**
abdr
ASSOCIADO CBL Câmara Brasileira do Livro

Mariana Rios

SABEDORIA DE BOLSO

2ª edição
2024

MINOTAURO

SUMÁRIO

REFLEXÕES

Fortaleza na incompletude

Recentemente, eu dei uma entrevista por telefone e tudo ia bem até que travei diante a uma pergunta da jornalista:

"Mariana, você é uma mulher bonita, com a carreira consolidada, que tem fama, dinheiro. Falta alguma coisa?"

Naquele momento, toda maquiagem que eu usava parecia escorrer.

Como se, através do meu silêncio, ela pudesse me ver nua.

A palavra "falta" me emudeceu.

Eu poderia responder: "Claro que não! Me sinto completa. Estou totalmente realizada". E passar pra pergunta seguinte.

Mas não seria eu.

Esconderia de mim mesma a verdade.

Por um segundo pensei: como ouso dizer que falta, sim, alguma coisa?

Eu conquistei tudo o que sonhei.

Por que meu coração tá acelerado agora?

Respirei fundo e respondi:

"Se não faltasse nada, qual razão eu teria pra acordar no dia seguinte?"

É justamente na incompletude que está a nossa fortaleza.

Ao escolher trabalhar no final de semana, você tem que deixar aquela viagem na qual vão todos os amigos.

Casando, você perde a vida de solteiro.

Solteiro, você abdica da construção de uma família.

Ao tirar férias, você deixa de ganhar dinheiro para gastar, às vezes, até mais do que se ganha em um mês.

Mas qual seria o prazer em trabalhar e não poder gastar?

Porém, em dois lugares ao mesmo tempo você não consegue estar.

E quantas vezes nosso livre-arbítrio nos faz escolher o caminho do coração pra depois descobrir que o mais certo seria optar pelo da razão?

Tudo não terás.

No final do dia, é dentro da falta que nos reconhecemos.

Porque a pedra no sapato incomoda.

Machuca.

Eu agradeço tudo o que tenho.

Todos os dias.

Agradeço pelas minhas escolhas pois, através delas, eu cresci, amadureci.

Ninguém sabe, de fato, quanto machuca a presença do sorriso no rosto tentando esconder o buraco não preenchido da falta.

Pra uns, sobra amor, mas falta saúde.

Pra outros, sobra dinheiro, mas falta amor.

O pouco pra você pode ser muito pra alguém.

E vice-versa.

Cada um sabe onde o sapato aperta.

O fato é que, no final do dia, quando precisamos tirar a maquiagem ou a máscara, se torna impossível desviar o olhar do espelho.

O que falta, grita.

A verdade pulsa.

E assim sempre será!

Nós nunca podemos julgar as escolhas de alguém, pois não sabemos nada sobre suas feridas.

Ninguém luta suas batalhas diárias.

Ninguém colhe os frutos que você plantou.

Ninguém chora suas próprias lágrimas.

A não ser você mesmo.

Comemore suas conquistas e não se esqueça de que, um dia, elas também faziam parte da "falta".

Assim, você dará mais valor sem ter que perder pra entender que já tinha alcançado aquilo que hoje voltou pra prateleira das faltas por descuido seu.

Esse, sim, é um preço que dói quando se paga.

O poder do silêncio e o sentido do tempo

Janeiro de 2023 me trouxe alguns questionamentos.

Na verdade, fazia um tempo que eu sentia a necessidade de buscar, no íntimo, respostas às perguntas que eu vinha fazendo a mim mesma.

E a sensação que eu tinha era de nadar, nadar e morrer na praia.

Então, comecei o ano mais reflexiva e mexida por dentro.

Quem me conhece percebeu que eu estava, digamos assim, mais pensativa.

Foi aí que algumas coisas aconteceram e me desagradaram.

Então, eu questionei:

Por que está tudo dando errado?

Por que estou há tempos procurando respostas e não as encontro?

Por que o que eu tanto desejava não aconteceu?

Percebi, então, que precisava silenciar a minha mente.

E esse silêncio parecia, em alguns momentos, ensurdecedor.

Mas foi através dele que eu obtive as respostas, compreendendo, assim, que não havia nada de errado.

Muito pelo contrário.

Tudo caminhava da forma mais perfeita possível para que eu chegasse ao resultado final da equação que, por vezes, tirou o meu sono.

Tudo estava mais certo do que nunca.

Todos os fatos que ocorreram foram somente para o meu bem.

Pois, através deles, o tempo pôde revelar as respostas.

E se eu não tivesse passado por cada uma das situações que passei, eu estaria estacionada no mesmo lugar, ainda em busca de me encontrar.

Muitas vezes, nos perguntamos o porquê de estarmos passando por determinada situação:

Por que a vida está sendo tão injusta?

Nada disso.

A vida é perfeita exatamente como ela é.

Você está onde precisa estar no momento presente.

O tempo te dará todas as respostas, então, confie no caminho.

Agradeça até mesmo por aquilo que hoje, talvez, você não compreenda.

E, lembre-se:

Nada, nem ninguém, entra por acaso no mesmo vagão que o nosso nesse trem chamado Vida.

Confie no propósito.

O grande encontro

Já passei por muitos carnavais, me apresentando, indo a festas, aproveitando todos os dias com grupos de amigos.

Já desfilei, fui rainha de bateria e perdi a conta de quantas vezes visitei os camarotes espalhados pelo Brasil.

Já cantei em trio elétrico e dancei muito na pipoca.

Enfim! Eu realmente vivi vários momentos felizes — e outros nem tanto — no carnaval.

Confesso que, de uns tempos pra cá, minha vontade de viajar nesse período ficou ainda mais evidente.

Aproveitar pra dar um tempo de tudo, já que, às vezes, a correria dos dias e do trabalho não permite.

Mas o ano de 2023 conseguiu ser diferente de todos os outros.

Pela primeira vez, eu experimentei estar, apenas, comigo.

Precisava evoluir com a escrita do livro que você tem em mãos e não encontrava inspiração e nem tempo.

E, quando menos percebi, a vida estava me direcionando exatamente para esse caminho.

Não criei resistência.

E o trabalho fluiu de maneira tão linda me trazendo um sentimento de plenitude e realização profunda.

E, no silêncio dos dias, eu pude compreender que não importa a quantidade de pessoas que você tem a seu lado, o barulho da música, a viagem para o lugar perfeito, a festa animada, a casa cheia... se você verdadeiramente não se sente preenchido por dentro.

Tudo é sobre nós mesmos, no final.

As coisas só passam a fazer sentido quando nos esvaímos, a fim de nos encontrarmos dentro da mais pura essência.

E isso não tem hora nem lugar.

Você simplesmente sente.

Para alguns, esse momento chega mais rápido. Para outros, demora.

Ou, talvez, não atendem quando são chamados.

Às vezes, é preciso silenciar para encontrar as respostas.

Fechar os olhos para entender o propósito.

Ser fiel a si.

E, como dizia Caio Fernando Abreu:

"Em um deserto de almas também desertas, uma alma especial reconhece a outra de imediato."

Completo dizendo que a alma mais especial que você precisa reconhecer nessa existência é a sua.

Esse encontro não tem preço!

ENTENDA.

NÃO É O MUNDO, É VOCÊ!

TUDO ESTÁ EM SUA MENTE.

O valor da humildade

Todos os dias, me esvazio das certezas que tenho, procurando estar aberta ao novo.

É que a gente tem essa mania de achar que sabe demais quando, na verdade, somos mais complexos e incertos que o amanhã.

Estamos sempre cheios de verdades, donos de uma razão que, muitas vezes, não tem coerência alguma com nossas atitudes.

E aí, vem a vida, com toda a sua sabedoria, e nos prega a peça de mostrar, na cara dura que, no final do dia, somos seres inseguros, frágeis e cheios de medo.

É preciso estar aberto às transformações para passar de casulo à borboleta.

É preciso ouvir mais e falar menos pra não correr o risco de se afogar no reflexo do ego.

É preciso, muitas vezes, calar a voz que ecoa enquanto se está em silencio.

Só assim o verdadeiro aprendizado acontece, e a certeza de que pouco se sabe, aparece.

Achar que ensina, é vaidade.

Saber que aprende, a alma engrandece.

Presença

Sempre observe quem está ao seu lado.

Quem te ajuda nos momentos difíceis.

Quem te ampara, acolhe e protege.

Quem te entende pelo olhar.

Quem não duvida da sua força, mas te acalma nos momentos de fraqueza.

Perceba quem, de verdade, está ali.

E valorize isso.

Paz de espírito

Que tal um pouquinho de açúcar pra corrigir algo que ainda insiste em amargar a vida?

É sempre bom parar, respirar e tentar entender o que aperta o coração para que o cuidado com nossa parte espiritual não seja atropelado.

Às vezes, a pedrinha no sapato está, justamente, pegando uma parte da infância mal resolvida, algo que passou batido na adolescência e que, até hoje, grita dentro da gente pedindo socorro, querendo ser retirado dali.

Só nós mesmos podemos fazer isso.

Ninguém mais!

Uma autoanálise é sempre bem-vinda.

Entender os problemas, aceitá-los, buscar melhorar e seguir em frente.

Não podemos voltar atrás e mudar o que já foi.

Mas podemos fazer diferente hoje.

Então, deixa ir.

Sem apego, sem tristeza, sem dor, sem remorso, sem rancor. Tire todas essas coisas que só fazem mal. Deixa ir!

Todos os dias eu me lembro desse grande ensinamento de Chico Xavier (1910-2002): "Esqueces-te, porém, de que a própria sabedoria da vida determina que o dia se refaça cada manhã. Começar de novo é o processo da Natureza, desde a semente singela ao gigante solar."

Não cometer os mesmos erros, saber até onde deixar que o outro interfira emocionalmente em sua vida, são pontos fortes nesse momento.

É tão bom quando olhamos para dentro de nós com carinho, aceitando o nosso jeito, a vida que temos, entendendo nossos problemas, tanto os de hoje como os que já estão na hora de serem jogados fora.

Tudo que vivemos tem um porquê.

Aceite em paz o momento e que ele lhe sirva de ensinamento para suas escolhas futuras.

Não se cobre demais.

E lembre-se: quem, por aí, espalha gotas de amor, num descuido acaba sendo respingado por elas.

Acima das nuvens

Quando estamos num avião, nos preparamos para a decolagem.

Apertamos os cintos, ouvimos o piloto, ajustamos o assento, escutamos o som forte das turbinas, e sentimos a pressão nos ouvidos quando, finalmente, ele sai do chão!

Muitas vezes, o tempo não está bom e o céu aparece encoberto por nuvens. Pensamos, então, que esse será um voo difícil, já que o tempo não colaborou.

Quando o avião, com sua força total, começa a atingir uma certa altura, abrimos as janelas e estamos dentro das nuvens. Seria ótimo poder tocá-las.

Nosso pensamento ainda está no mau tempo, no que encontramos ao embarcar, na quantidade de nuvens provavelmente cheias de chuva que se formam no céu.

E aí, acontece o inesperado!

Passando as nuvens, por dentro delas, chegando bem mais longe, lá no alto, é que vemos que o tapete de algodão é lindo visto de cima, que o céu está mais azul do que nunca, que o sol irradia a sua beleza.

Assim também é a nossa vida!

Às vezes, transformamos um problema num céu cheio de nuvens, não enxergando, assim, o que está por vir.

O céu azul e o sol só aparecem para quem não tem medo de alçar voos mais altos, de enfrentar os desafios com a mesma força que a decolagem de um avião exige.

Não se contente em olhar somente para um palmo acima do seu eixo. Olhe além! Melhor do que ter medo é confiar na beleza do desconhecido!

Acredite no impossível

Penso que deveríamos levar a vida como as abelhas.

Sem saber da impossibilidade de seu voo, já que suas asas têm um tamanho menor que seu corpo, elas simplesmente voam!

E fazem mais que isso: produzem o delicioso mel.

Se pensássemos na frase do poeta Jean Cocteau (1889-1963) que diz "não sabendo que era impossível, foi lá e fez", quem sabe a possibilidade para todo e qualquer sonho fosse certa?

Espero poder viver assim.

Como as abelhas.

Sem pensar no que é possível ou impossível.

Apenas voar o vento de cada dia e sentir nos lábios o doce gosto do mel.

Desapego

Enquanto não entendermos e aceitarmos que estamos aqui somente de passagem, que nada nem coisa alguma nos pertence a não ser a nossa própria consciência, carregaremos um fardo pesado por toda a vida.

Nada é, de fato, nosso.

Recebemos aqui somente empréstimos, para que possamos aprender e, assim, trilhar uma caminhada de elevação espiritual.

O sofrimento vem do apego.

Chegamos aqui sozinhos e partiremos da mesma forma.

Aproveite o que lhe foi emprestado durante essa breve passagem.

Mas não se apegue.

Tudo, em algum momento, precisará ser devolvido.

MUITO CUIDADO COM AS ESCADAS
QUE TE LEVAM PARA O NADA.

Raízes

Respeite os seus pais.

Nossos pais nos possibilitaram estar aqui hoje.

Nos deram o dom da vida.

Dentro das relações familiares é o ambiente no qual mais aprendemos e crescemos.

E quando o filho tem problemas com pai e mãe, precisa ter a consciência de que existe uma hierarquia a ser respeitada e vista com muito cuidado.

Estamos em diferentes estágios de evolução e desenvolvimento.

Todos estamos em busca de acertar, de ser melhores dentro da evolução que cabe a cada espírito, a cada ser.

Entenda que seus pais também são assim.

Eles procuram acertar e dar aquilo que de melhor eles têm.

Se, por acaso, você tem discussões, fica triste com as atitudes, sente falta de amor, perdoe.

Pois eles também sofrem.

Às vezes, até mais que você.

Perdoe e ame-os! Respeite-os acima de tudo.

Olhe com carinho e com amor para os seus pais.

Por mais difícil que a relação possa parecer.

Sem eles você não estaria aqui.

Agradeça todos os dias!

Pense nisso!

Hic et nunc

Vivemos com a ideia de que somos eternos.

E que as pessoas à nossa volta também o são.

Por isso, deixamos sempre para amanhã.

O abraço fica pra amanhã.

O eu te amo pra semana que vem.

A visita para a época do Natal.

A conversa pra outra hora.

O fato é que somos muito mais passado que futuro.

Então por que a dificuldade em realizar hoje?

Em dizer hoje?

Em amar hoje?

Justamente pela ideia de que teremos todo o tempo do mundo.

Mas, no final, como diria Lulu Santos, "não há tempo que volte, amor. Vamos viver tudo que há pra viver. Vamos nos permitir".

Hoje!

Só hoje!

Seja você mesmo, mas não seja sempre o mesmo

O outro não existe.

Ele é apenas uma ilusão daquilo que você gostaria que ele fosse.

O que mais fazemos dentro das relações é projetar no outro o ideal daquilo que gostaríamos que ele fosse.

Por isso se torna tão difícil aceitar o outro como ele realmente é.

Até porque a fantasia é muito mais interessante sobre o olhar da perfeição do que, de fato, os defeitos, quando são apresentados a nós.

Então, acabamos por criar dentro de uma utopia o nosso par ideal.

Você concorda comigo que, quando se cria esse molde, temos uma facilidade enorme em fazer com que qualquer um caiba nele?

E, assim, com o tempo, os defeitos, as imperfeições vão ficando cada vez mais evidentes até que você se questiona:

Mas ele não era assim no começo.

O fato é que nós somos o que somos.

Só não desejamos olhar o outro como realmente ele é.

Amamos o que criamos e projetamos.

Por isso o tombo machuca tanto quando o véu que tapava nossos olhos cai por terra.

Em frente

Não vire as costas para os seus traumas.

Todos os sentimentos que evitamos em algum momento precisarão ser encarados.

Medos, tristezas, perdas, frustrações.

Quando não enfrentamos o problema, ele pode se tornar uma doença da alma.

E o nosso corpo, ao somatizar tal sentimento, precisa expulsá-lo de alguma forma.

Com isso vêm as doenças.

Tudo aquilo que não é trabalhado pelo emocional pode nos gerar mais dor ainda.

Por isso a importância em enfrentar cada questão.

Olhar pra ela com carinho, chorar, colocar pra fora.

Conversar.

E, depois, deixar ir.

Não negue seus traumas, não oculte seus sentimentos, não fuja da dor.

Estamos aqui para aprender com cada obstáculo da vida.

Colocar pra fora é sempre o melhor remédio.

Sinta

Às vezes, precisamos de tão pouco, mas a busca incessante não nos deixa "sentir".

E sentir é algo tão valioso.

A correria dos dias faz com que passemos por eles acenando para a vida que passa.

Nosso movimento diário se torna a incansável rotina que, no final, cansa.

Cansa ver as mesmas pessoas, cansa ter os mesmos diálogos, cansa brigar pelas mesmas questões, andar de bicicleta no mesmo trajeto, dirigir até o trabalho sem mudar o percurso, comer nos mesmos lugares, falar sobre as mesmas coisas, ouvir repetidas vezes o mesmo pedido de desculpas.

Mas esse comodismo é quase um estado de conforto, no qual nem mesmo você percebe que está exausto.

Você simplesmente "vai".

E, pela vida rebobinada na fita, a percepção de que nada mudou é nítida.

Mas, por outro lado, o novo gera insegurança.

O famoso frio na barriga que, nem sempre, estamos prontos para sentir.

De que vale tudo, então?

De que vale experimentar estar aqui, agora?!

Pois eu escolho mexer em tudo.

Sempre!

Quero as surpresas dos dias.

Quero acordar para novos sonhos e despertar em realizações jamais previstas.

Quero um olhar profundo que é capaz de, por um segundo, transformar o momento em eternidade.

Não quero saber do futuro.

Quero entender que o meu presente se reconhece numa vida inteira.

Quero olhar a lua por inúmeros ângulos e lugares.

A verdade?

Quero ir longe...

Bem longe.

Mas buscando sempre estar inteira dentro de mim.

A tal liberdade

Como vai a juventude do século 21?

Super bem, obrigada.

Somos todos empoderados, livres, soltos por aí.

Não temos limites nas falas, nos textos, nos atos.

Podemos tudo!

Mas precisamos ser vistos.

Do contrário, perde-se a graça.

Pra que família se a facilidade se encontra em cada esquina?

Ou num simples like.

Por que construir um alicerce em amizades se já tenho milhões de amigos nas redes acompanhando minha tão bela "vida"?

Pra que aprofundar nos estudos se posso viralizar num vídeo fazendo piada sobre mim... ou até mesmo sobre o outro.

A verdade é que essa geração está solta por fora e aprisionada por dentro.

Pesquisas mostram que 1 a cada 4 adolescentes no mundo está com depressão.

O fato é que a facilidade em se jogar a sujeira por debaixo do tapete tomou conta.

Das famílias, dos laços, de nós!

Ele tá chorando... entrega o celular que para na hora.

Não estou bem. Toma uma vodka que passa.

Fulano terminou comigo.

Entra no Instagram que rapidinho você acha outro.

Onde foi parar o nosso limite?

Sinceramente não sei!

Você já parou pra observar quando está em um restaurante, quantas pessoas estão realmente conversando enquanto outros passam o tempo inteiro sem trocar um olhar pois o celular não deixa?

Não temos mais tempo pra nós mesmos, que dirá para o outro.

É aí que vem a famosa frase:

Cuidado com o que você deseja.

Desejamos tanto essa tal liberdade que hoje vivemos totalmente aprisionados nela.

Toda essa busca insana por seguidores, likes, sucesso, prazeres, revelam nosso desgaste diário à espera pela validação do outro.

Estamos esquecendo de olhar pra dentro.

Quando entendermos que não precisamos provar nada para o mundo, a não ser pra nós mesmos, a vida vai mudar.

A partir do momento em que você se libertar do julgamento alheio, você vai compreender que para ser feliz basta ser quem você de fato é.

Ser fiel as suas escolhas e vontades.

O que os outros vão pensar?

Isso pertence a eles, não a você.

A evolução é individual.

Abrace sua verdade.

E não se esqueça de que o aplauso anda de mãos dadas com as vaias.

QUE MEUS DIAS SEJAM MAIS
ENSOLARADOS E QUE EU ACORDE COM O
CANTAR DOS PÁSSAROS.

E QUANDO, PORVENTURA, SE
ENCONTRAREM NUBLADOS, QUE
EU POSSA DANÇAR NA CHUVA,
APROVEITANDO CADA PASSO.

Lucidez

Carência *versus* amor.

Precisamos ser cautelosos diante dessas duas palavras.

Elas costumam nos confundir.

Por isso a importância tão grande de saber o que se quer e ser exigente em relação às suas escolhas.

Às vezes, nos sentimos sozinhos e a primeira pessoa que aparece acaba por confundir nosso sentimento de carência, fazendo com que nosso cérebro acredite que estamos amando.

Então projetamos o que desejamos encontrar em alguém que não se encaixa nem se enquadra naquilo que gostaríamos de viver.

Tapamos, assim, os nossos olhos e acabamos vivendo algo que não nos faz felizes, que se revela de outra forma, por simples carência.

Quando você busca o autoconhecimento, compreende quem de fato é você no íntimo.

Entendendo melhor o que e quem deseja colocar em sua vida, você consegue viver ao longo do caminho encantos, paixões...

Mas é essencial não confundir carência com amor.

Busque se conhecer.

Entenda quem você é e qual tipo de parceria gostaria de ter na sua vida.

Afinal de contas, antes sozinhos do que mal acompanhados.

Educação e respeito

As pessoas não invejam o carro que você tem, a casa em que você mora, seu sucesso, a roupa que você usa...

Mas, sim, a sua felicidade!

Esse recado é pra você que simplesmente tem o astral lá em cima.

Que procura sempre sorrir, elevar a energia no alto experimentando cada segundo do momento vivido.

Eu tive que aprender a lidar com essas situações e não deixar abalar minha alegria e meu prazer em viver.

Mas confesso que falta uma certa elegância em algumas pessoas.

E isso não se compra na esquina.

É sobre educação e respeito.

E, infelizmente, não é qualquer um que se apropria dessas duas virtudes.

Reflexo

Somos espelhos.

Enxergamos no outro aquilo que existe dentro de nós!

Se você vê amor, é amor o que tem a oferecer.

Se o ódio, a raiva, o rancor estão dentro de você, é exatamente isso o que apontará no outro.

Quando falamos de alguém, estamos dizendo mais sobre nós mesmos.

Bonito mesmo é estar em estado de graça.

Desejar o bem!

Acreditar que existe um propósito maior para tudo.

Não sabemos nada do outro, suas dores, seus problemas, suas batalhas!

Seguir com o coração tranquilo é a melhor forma de ter certeza que você está fazendo a sua parte.

Personalidade

Ser intenso é para os fortes.

Cada dia que passa tenho mais certeza disso.

Sempre observei as pessoas que passam pela própria vida como coadjuvantes e nunca as compreendi.

Onde já se viu não ser o protagonista nessa existência?

Mas como para tudo existem os prós e os contras, para os intensos não seria diferente.

Tudo é muito!

Na felicidade o sorriso largo não sai do rosto. O coração pulsa com força. Os dias parecem mais curtos. A sensibilidade aguça a vontade de viver aquilo num mergulho profundo.

Por outro lado, a tristeza, quando aparece, é absoluta.

Nos dias mais longos, a cabeça não pensa em outra coisa.

Qualquer movimento tira o sono.

E agora? Como encontrar o equilíbrio em meio a tanta intensidade?

Essa é a questão!

Pra mim, funciona da seguinte forma:

Não consigo jogar fora toda a minha intensidade.

Sou muito fiel a tudo o que sinto.

E não me importa o que receberei em troca.

Eu tenho a necessidade de viver a minha verdade. O que é real pra mim. Afinal de contas, cada um dá o que tem.

E acredito que o ponto de equilíbrio está justamente dentro dessa fidelidade em saber quem você é.

Quando se busca o autoconhecimento, compreendemos o que, de fato, somos.

Onde queremos ir, o que precisamos viver, quem desejamos colocar em nossas vidas, e qual lugar cada um ocupa dentro dela.

E, assim, não deixo de viver minha intensidade.

Não preciso mudar pra caber no entendimento do outro.

Eu tenho que ser meu próprio entendimento.

Viva intensamente o protagonismo da sua vida.

Ela vai passar muito rápido!

Passe por todos os sentimentos respeitando o tempo em que eles precisam ficar dentro de você.

Se entregue.

E, quando a luz dessa festa chamada vida se apagar, espero que você possa sentir o frio na barriga de ter sido fiel a você mesmo.

Vivendo cada instante, até o instante final.

Permissão

Tudo é permissão nossa.

O outro só exerce poder sobre mim se eu permitir.

Da mesma forma nos referimos à ofensa.

Se o fato não é real pra você, então por que se ofender?

Só te derruba aquele que é colocado por você no pedestal dos fortes.

Quem nos massacra, no final, somos nós mesmos.

Essa é uma decisão e não uma condição propriamente dita.

VÁ ATRÁS DO SEU SONHO MAIOR.

TENHA EM MENTE EXATAMENTE O QUE VOCÊ DESEJA CONQUISTAR E AONDE QUER CHEGAR.

ENTÃO, ASSIM, A ESCOLHA DE POR QUAL CAMINHO SEGUIR SERÁ SEMPRE MAIS FÁCIL.

MAS LEMBRE-SE TODOS OS DIAS DESSA PERGUNTA:

VOCÊ REALMENTE ESTÁ PREPARADO PRA TER O QUE DESEJA?

Tudo passa

Engraçado como a vida vai te guiando até que você perceba que tudo o que aconteceu anteriormente foi somente para o seu crescimento.

A vida se encarrega de tirar pessoas que não estão em sua mesma frequência energética como num passe de mágica.

Assim como, também, coloca aquelas que estão.

A vida mostra o sentido de tudo.

Te faz enxergar quem é quem.

O tempo revela através das ações e não das palavras.

E juntos, vida e tempo, fazem com que você esteja exatamente no lugar onde precisa estar.

Agora.

Passam pessoas, trabalhos, encontros, desencontros, vontades, receios, medos, alegrias, decepções...

Passam!

Mas também... passam!

Então, minha pergunta é:

Se a vida mostrou, se o tempo ressaltou, por que, às vezes, insistimos em não querer enxergar?

Pra quem sabe depois poder reclamar?

Reclamar: clamar duas vezes.

Pedir na sequência.

Então, pense um pouco.

Pois de nada adianta o tempo, a vida, o caminho, a sorte, o destino... o universo.

Se quem no final clama é você!

Nem sempre a fruta está madura o suficiente para ser degustada.

Nem sempre o momento ideal é o agora.

Nem sempre você está disposto a responder quando a vida te questiona.

Nem sempre a pessoa está preparada para receber o amor que você tem a oferecer.

Às vezes, a mesma não entende nem o que é amar!

E nem sempre podemos ser tudo.

Às vezes, somos quase nada.

Como um balão que infla pra voar, mas logo precisa estar em solo novamente.

Nosso tempo no céu varia.

Assim como nosso tempo no chão.

E, nesse balanço do vento, vamos levando.

Ou, talvez, sendo levados.

E aqueles que realmente são caros pra nós reconhecem nossa fragilidade, mas não deixam de enaltecer nossa fortaleza.

Sucesso e felicidade

O sucesso é apenas uma consequência daquilo que você tem prazer em fazer.

Sem o prazer e a entrega, não se chega a lugar algum.

Não se pode terceirizar o sucesso, assim como a felicidade!

Ambos são fatores individuais e que tocam nosso íntimo num lugar muito pessoal.

Desfrutar do processo com leveza é a melhor forma de se sentir realizado.

Por dentro

O mundo tá cheio de gente que tem tudo por fora, mas um vazio na essência.

Gente que busca pela matéria, e esquece que, com o tempo, a mesma desvanece.

A casca da fruta brilha e parece perfeita.

Quando repartida ao meio, se abriga em bolor.

A alma não é corruptível, mas a imagem, sim.

Não se distraia.

Dispa a laranja a fim de encontrar o fruto suculento.

Do contrário, não se alimente do suco.

Equilíbrio

Agora, mais do que nunca, pude compreender, com o passar dos anos, que a maturidade não se dá pela idade.

Existem aqueles que são jovens na aparência e que trazem, refletido em seus olhos, o peso das dificuldades enfrentadas durante o processo.

E também há outros que, quanto mais o tempo passa, mais se mantêm presos à criança interna que nunca cresceu, permanecendo, assim, infantis e imaturos diante das escolhas e dos aprendizados da vida.

No final, somos um pouco de tudo, e precisamos nos posicionar de diferentes formas de acordo com o momento.

Nem tanto lá, nem tanto cá.

Sempre em equilíbrio.

Essa busca é fundamental, do contrário, você não só se perde na linha do tempo, como também nas rugas que o tempo traz!

Avessos

Todo caminho tem seu obstáculo.

Todo olhar tem suas distrações.

Toda certeza admite uma dúvida.

Todo poder oculta uma fragilidade.

Toda razão tem suas divergências.

Todo medo resgata a infância.

Toda lamentação teme o sucesso.

Toda timidez retém a naturalidade.

A fala não diz nada.

O ato diz muito.

O fazer se comprova acima de tudo.

Feliz daquele que observa atentamente simples dizeres e atitudes.

O que o ego oculta, a ação replica.

QUANDO FALTAM PALAVRAS PRA
DESCREVER O QUE SENTIMOS,
A GENTE APENAS SENTE.

Conexão

Escolher as pessoas que vão caminhar ao nosso lado talvez seja uma das mais importantes escolhas na vida.

Aqueles que nos direcionam através do caminho do bem, que enaltecem as nossas qualidades, emprestam os seus ouvidos para nos aconselhar em momentos de dificuldade, são realmente seres únicos que merecem um lugar quentinho em nossos corações.

Estar bem acompanhado, tanto por familiares quanto por amigos ou no campo do amor, faz toda diferença em nossa trajetória pessoal.

O melhor da vida é se identificar através da essência.

Conectar-se com pessoas que estão no mesmo campo energético que o seu.

Que te ensinam ao mesmo tempo que aprendem com você.

Que te amam sem impor condições.

Que vibram a cada conquista sua, abrindo o sorriso ao te ver chegar.

Saiba escolher, pois, assim, a caminhada se torna mais leve e prazerosa.

Flores e ninhos

Tenho pensado bastante no que sinto quando estou triste.

Porque minhas tristezas estão na prateleira das ciências, não das exatas.

Eu as estudo e não as compreendo.

E, me colocando em anos de análise, vejo que, às vezes, há um abismo entre o auto e o conhecimento.

Seria esse hiato que me faz vagar pelo universo incerto do ser?

A angústia dos dias, sei que passará com o tempo.

E, assim, sigo vivendo.

Sendo fiel aos meus sentidos e sentimentos.

Sofrendo, sim, porém, aprendendo.

Acho que esse, talvez, seja o segredo por trás do sorriso que, nem sempre, se faz largo no rosto.

Mas que, por ora, se esconde atrás de um sofrimento.

Hoje entendo que a vida é assim:

A montanha russa eterna da existência.

Desfrutando do tempo como se degusta um vinho.

Colhendo flores, fazendo ninhos.

E, no final, o que vale é o pequeno poema de Mário Quintana:

"Todos esses que aí estão
Atravancando meu caminho,
Eles passarão...
Eu passarinho!"

Resto

Um dia, a gente entende que relacionamento não é escolher alguém.

Mas, sim, estar pronto e decidido a abdicar do resto.

É que esse resto seria, talvez, diferente, mas o nome já diz tudo.

E o ideal é fazer com ele justamente o que é pedido:

Jogar fora.

Não se é resto o escolhido.

Não se é resto o sorriso quando se abre.

Não se é resto o coração quando é invadido.

Assim, fica bem mais fácil diferenciar os sentimentos.

É uma escolha?

Sim!

Você quer mergulhar nas profundezas ou molhar a ponta dos dedos em águas rasas?

O resto está aí pra te questionar todos os dias.

Ele não tem o melhor abraço e, muito menos, o cheiro da felicidade.

Mas existem aqueles que, pra eles, tanto faz.

E no momento em que encontram o mergulho profundo, ficam com tanto medo da intensidade, que traz o arrepio por dentro, que preferem se afogar em poças de água deixadas pelo resto.

Ópera da vida

O que é a vida?

Todos os dias faço essa pergunta.

E, enquanto você pensa sobre ela, vou te contar uma história.

Sempre adiei o momento de assistir a um concerto de ópera.

Talvez pela falta de tempo durante a viagem, já totalmente programada antes mesmo de sair do Brasil, ou até pelo fato de sempre ouvir que você tem que ir preparado para longas horas de música clássica.

Mas dessa vez, tudo conspirou a favor e quando me vi ali, naquele teatro centenário e maravilhoso, em Budapeste, pude sentir a magia desde o começo.

Quando todos os integrantes da orquestra ocuparam seus devidos lugares acompanhados de seus instrumentos, meu coração acelerou.

Um silêncio no lugar lotado tomou conta por alguns segundos.

E ali, como público, plateia, espectadora, pude ver a imagem espelhada no palco retratando o que, talvez, seja a vida.

Ao nascer, imediatamente começamos a nos expressar dentro de nossos sentimentos.

Choramos quando temos frio ou fome.

Sorrimos quando está tudo bem.

E as primeiras palavras nos dão a sensação de que carregamos um instrumento importante conosco.

Ao conviver com família, amigos na escola, colegas da rua, começamos a entender a peculiaridade de cada instrumento carregado pelo outro.

E que, ao tocarmos juntos, o barulho fica mais divertido.

Então, o tempo vai passando e continuamos ouvindo nossa própria música seguida pelos sons de outros.

Percebemos que nem sempre essa emissão é agradável, mas quando notamos que somos nós quem escolhemos durante a caminhada por qual ressonância passear, viramos maestros da nossa própria orquestra.

E dali pra frente, regida por nós, ela ganha mais brilho e força.

Mas o bom maestro é aquele que conduz seu balé de sons respeitando e valorizando cada músico e seu instrumento.

Entendendo que não se é maestro da ópera do silêncio.

Que cada nota precisa ser dada no momento certo, e que, às vezes, ao errar um compasso, precisa se seguir em frente para que a plateia não perca a conexão com a beleza trazida pela sensibilidade.

Esse, talvez, seja o mais poderoso jogo da vida.

Ser maestro, músico e plateia dentro de nossa essência.

Sempre atentos à partitura, à voz que ecoa, à nota findada.

O aplauso é ilusório.

A cortina do teatro uma hora se fecha.

E sendo plateia, músico e maestro, no final do espetáculo todos nós experimentamos o silêncio que, nem sempre, consegue ser preenchido pela voz potente da solista.

E quando a ópera acaba, dela ficam os resquícios dos momentos em que todos os instrumentos se juntaram perfeitamente ao canto.

Todos dentro dessa complexa, porém divina, apresentação eternizada na memória.

Que nossa ópera não seja breve.

Mas que ela dure o suficiente para se tornar inesquecível.

O que realmente importa

Não importa o quanto a sua história seja triste.

Sempre haverá uma vida mais dolorosa que a sua.

Não importa quantas pessoas você tenha perdido: sempre haverá aquele que está rodeado por todos e completamente sozinho por dentro.

Não importa quantos relacionamentos você teve se, no final, não experimentou o amor de verdade.

Não importa o quanto você tem no banco: sentimento genuíno não se compra.

Não importa o quanto você sorri por fora: quem precisa se alegrar é sempre o seu coração.

Não importa aonde você chegou: o real aprendizado se dá durante a trajetória.

Não importa se você não divide seus problemas, mas, sim, se os revela a si mesmo.

Não importa o que você fez no passado: o que vale é sua evolução no presente te despertando, assim, para o futuro.

Não importa o sobrenome que você carrega se não há família dentro de você.

Não importa quem é você para os outros: aqueles que te amam enaltecem sua fortaleza mesmo quando você implora por colo.

Não importa se você fez tudo corretamente: existem aqueles que jamais reconhecerão o seu valor.

Não importa!

Nada importa, a não ser a sua consciência em relação a você!

O valor de cada coisa

Desejar, conquistar, tomar pra si, valorizar, acostumar, esquecer, perder.

Por que fazemos isso o tempo todo?

Aquele sapato que eu tanto queria, namorei na vitrine, economizei pra comprar, era meu.

Mas me descuidei, usei de qualquer jeito, pulei na poça, sujei, e ele arrebentou a tira de uma forma que não dá mais pra consertar.

O amigo amado que, pela correria dos dias, deixei de dar atenção, enquanto ele estava sempre lá enviando suas longas mensagens finalizadas com a pergunta: você está bem?

Deixei pra responder depois.

Até o dia em que me dei conta de que seus textos não chegariam mais, pois ele havia partido.

A pessoa certa, aquela que você sempre buscou, demorou para conquistar.

Horas de conversas, de troca e, enfim, vocês ficaram juntos.

Veio a vida e caiu na rotina, te deixando, assim, numa zona de conforto.

Mas ela insistiu em te lembrar que não adianta pensar no sapato quando não se tem mais conserto.

Na mensagem do amigo quando ele já não mais está aqui.

No abraço e no sorriso daquele que se ama, mas que você perdeu.

O valor de quando se quer, quando conquista e quando se perde.

Esse círculo vicioso desvaloriza o presente e transforma o futuro num filete de água rasa.

Valorize aquilo que você tem.

Não bloqueie da memória a história de cada coisa, por mais simples que ela seja.

Cuide com carinho e zelo.

O cristal, depois de trincado, pode até ser colado, porém, jamais será o mesmo.

E o pior sentimento é aquele que te lembra todos os dias que você perdeu por descuido seu.

E que agora não mais se pode voltar atrás.

POR TRÁS DE CADA CONQUISTA, EXISTE UM TRABALHO ÁRDUO E A ABDICAÇÃO DE MUITA COISA.

Sobre dúvidas e fé

Quando a vida te tira algo, na verdade ela te entrega de presente vários aprendizados.

Brindemos, hoje, a sabedoria de Deus, que te mostra exatamente aquilo que é coerente.

O momento vivido, o tempo de agora, o presente da existência como essência.

Brindemos a forma como conduzimos nosso caminho com a certeza de que somos nós os verdadeiros responsáveis pelo trajeto escolhido.

O jogo da percepção é ilusório, pois cada um enxerga a vida a seu modo.

O mundo gira e dança de acordo com a música que você toca.

Se ela é lenta ou acelerada, a orquestra é regida por você.

Um dia te disseram que o bonito era bonito e que o feio dava nome àquilo que não era aceito.

E você acreditou e seguiu.

E em quem confiar?

Uma sugestão?

Em si mesmo!

Continuamos na linha da ilusão.

A gente entende que as pessoas são como nós.

Que farão assim como faríamos.

Que entregarão o mesmo que nós ofereceríamos.

Mas essa não é a realidade, infelizmente.

Ou, por que não, felizmente?

Brindemos a vida como esse eterno movimento de crescer.

De não duvidar de si, ter fé no outro, mas não deixar que essa fé o faça de bobo.

Pelo contrário.

A fé te eleva e te coloca num patamar de igualdade quanto ao próximo onde nem sempre você será colocado.

Mesmo assim, sem enfrentar resistência, insistimos em acreditar, pois a beleza se encontra nesse lugar.

Triste daquele que se desprende do grupo e se insere no reflexo obscuro da alma.

E cada um terá, no cesto da colheita, exatamente o fruto da semente plantada.

Cada um enfrentará, cara a cara, a conversa mais difícil que existe na vida:

Aquela com sua própria consciência.

Num dia se perde e no outro se ganha?

Prefiro acreditar que sempre estou ganhando.

Até mesmo quando perco.

Pois sigo insistindo em algo:

Em cada passo dado em falso, em cada movimento não calculado, existe uma força protetora que te guia.

O sol nasce para todos.

Mas poucos são aqueles que escolhem se projetar através de sua luz, permanecendo, assim, na penumbra obscura e fria por trás de sua sombra.

Respeito e autenticidade

De nada adianta ter uma religião se no final do dia você não faz o bem.

De nada adianta ir à missa aos domingos se ao encontrar alguém no elevador você não dá um simples bom-dia.

De nada adianta ter fama se nem mesmo uma foto com seu fã você deseja tirar.

De nada adianta se destacar na empresa se não respeita quem prepara seu café.

De nada adianta ser querido e rodeado por amigos se você não trata sua mulher com carinho.

De nada adianta trabalhar dia e noite se você não reserva um tempo pra brincar com seu filho.

De nada adianta querer que o outro faça o que você disse se você não dá o exemplo.

De nada adianta postar em suas redes sobre o veganismo e comer um hambúrguer escondido de todos.

Você pode passar uma vida mentindo ou fingindo ser o que não é, mas ao deitar a cabeça no travesseiro, quem de fato precisa realmente saber é você.

E essa conta, quando chega, não será paga por ninguém, a não ser por você mesmo.

De malas prontas

Viemos ao mundo nus.

O cobertor da alma é o corpo.

Ao nascer, imediatamente somos presenteados com tudo.

Roupas, sapatos, brinquedos...

Tudo!

Até mesmo com aquilo que não precisamos e que, na maioria das vezes, nem usaremos.

O tempo passa e as malas vão crescendo e enchendo cada vez mais.

O peso da bagagem já não pode ser carregado por nós.

Ela, então, é levada por um caminhão que ao longo da vida se torna uma frota.

Se não fazemos a famosa limpeza no armário, passamos a acumular as tralhas materiais e emocionais.

Toneladas que pesam as costas.

Mas seguimos nosso caminho, no qual a frota só aumenta, pois entendemos que ela é sinônimo de termos “vencido”.

Então vem a vida e te mostra, na cara dura, que mesmo com todos os caminhões parados na porta de casa pra carregar as conquistas e memórias inseridas numa existência, mesmo com o sabor da vitória permeando ao visualizar tudo aquilo que, de fato, é seu, mesmo olhando pra tantas coisas que o dinheiro pode comprar, se você não tiver uma só coisa, dentro de uma palavra tão pequena, você, na verdade, não tem nada.

Todo resto passará a não fazer sentido.

Porque, no final, não faz.

Tirem tudo de nós e sobreviveremos.

Mas, por favor, não permita que vivamos sem o AMOR.

Sem ele adoecemos e partiremos, não daqui, mas de dentro de nós mesmos.

NÃO TENHA PRESSA, PORÉM
NÃO DEMORE!

Ipê amarelo

Tenho em meu jardim um ipê amarelo!

Certa vez, ao receber em casa um casal, fui mostrar a decoração e chegamos até a parte dos quartos onde ele fica.

Então eu disse: “Olhem que lindo esse ipê todo amarelo!”

E eles perguntaram por que eu estava tão empolgada mostrando algo que fazia tamanha “sujeira”, espalhando flores pelo pátio.

Foi aí que entendi a diferença do olhar diante a vida.

Respondi pra eles que esperava o ano todo para vê-lo florescer.

Que o tapete amarelo enchia meus olhos de alegria e que nunca tinha relacionado esse momento único com “sujeira”.

Muito pelo contrário, esperava pelo vento vislumbrando a possibilidade de presenciar cada flor caindo e colorindo minha casa!

Todos os dias temos a oportunidade de escolher a maneira com que descortinaremos a vida.

Se olharemos para chuva com tristeza ou se dançaremos nela aproveitando cada instante.

Essa chance da mudança através do olhar acontece quando acordamos logo pela manhã!

Sorrir ou reclamar é uma escolha sua!

Olhar para um problema, por exemplo, tentando observar a oportunidade de evolução ao passar por ele, também é uma escolha.

A mudança que tanto queremos ver no mundo não está no mundo, mas, sim, dentro de cada um de nós.

Só reconhecemos no outro e nas coisas aquilo que é real dentro da gente.

Que possamos cada dia mais enxergar, no entorno e nas pessoas, belas flores como as de um ipê amarelo, enaltecendo suas características positivas em vez de fixar a atenção naquilo que poderia nos incomodar.

A beleza é singeleza na obra do infinito.

No íntimo, enxergo beleza em você.

Ser belo é para todos, mas poucos são os que podem ver.

As pessoas mudam?

Eu sempre acreditei que nós estamos aqui de passagem, única e exclusivamente para aprender.

A evolução é algo muito pessoal e, durante esse anos, observando o comportamento das pessoas, pude entender que aqueles que realmente querem mudar, mudam.

Isso exige um grande esforço.

Partindo do princípio de que cada um de nós dispõe de uma essência que está relacionada com a criação, com passagens por dores durante a vida, incluindo o caráter, podemos entender que, talvez, seja muito difícil mudar a essência do ser.

Costumes, desejos, ideias, gostos — isso vamos modificando ao longo do tempo.

Fico pensando quantas vezes eu dei uma segunda chance a alguém depois que essa pessoa errou comigo e, passados alguns meses, ela cometeu exatamente o mesmo erro, pedindo, novamente, desculpas.

Então, por vezes não acreditei na mudança verdadeira das pessoas quando se diz respeito ao seu caráter.

Já tive provas suficientes de que somos o que somos.

Aliás, existe uma frase muito boa sobre isso:

"Nunca te enganou".

Acho que, no fundo, nós sempre sabemos, mas permitimos.

Pagamos pra ver talvez porque não teríamos a capacidade de errar com o outro como ele erra com a gente.

E como tudo, no final, acaba se tratando de reflexo, enxergamos somente o que seríamos capazes de fazer.

Perdoe sempre!

Porém pense muito bem antes de dar a terceira, a quarta, a décima chance, pois, no final, terão tirado toda a sua energia de amor e bondade, enquanto continuam transitando por aí cheios de vida.

Afinal, com eles está a certeza de que não importa quantas vezes cometerão os mesmos erros: o lugar quentinho e confortável estará à espera de seu retorno.

Pessoas confusas

Se você sabe o que quer, evite se envolver com quem não sabe.

Às vezes, por mais que a gente tente orientar quem amamos, precisamos entender que cada um tem seu tempo.

Aquele que está perdido tentando encontrar um caminho tende a confundir o pensamento e as emoções do outro.

Não que isso seja intencional; às vezes, a pessoa não sabe o que quer.

E para quem não sabe o que deseja, qualquer caminho serve.

Em situações como essa, é mais fácil você se perder do que o outro se achar.

No fim, precisamos mesmo é saber de nós mesmos.

Aonde queremos chegar, quem desejamos atrair para a nossa vida, quais portas abriremos e quantas mais precisaremos fechar para não nos prejudicarmos lá na frente.

Pessoas confusas nos atrasam.

Essa é a verdade.

Se por acaso você perceber que se envolveu com alguém e isso fez sua ansiedade aumentar, seu sono perder qualidade e suas emoções ficarem comprometidas, abra os olhos.

Olhe primeiro para si.

E lembre-se desse dizer, muito bem-vindo em momentos como esse:

Vai lá se encontrar, para quem sabe depois, você me achar.

O MEIO NÃO SÓ
INFLUENCIA, COMO
TAMBÉM TE MOLDA.

SAIBA ESCOLHER QUEM VAI
CAMINHAR AO SEU LADO.

Você é o seu pior inimigo

Quando entendemos que o outro não tem poder algum sobre nós e que somente a mensagem que enviamos ao nosso cérebro se faz presente energeticamente no cenário ligado aos nossos sentimentos, tudo muda.

Somos fruto daquilo que pensamos e desenvolvemos no universo que criamos.

Não são os outros que te colocam em determinada posição, mas, sim, você mesmo.

Ninguém te aprisiona. Só você tem a chave da gaiola onde se encontra.

Estamos exatamente no lugar onde nos colocamos diariamente.

Nesse jogo de xadrez somos nós a peça principal.

Mas prefiro sempre pensar que, ao elevar o nível do ego, nos perdemos dentro de nosso próprio delírio.

Não se esqueça de quem é, porém jamais se coloque em estado de superioridade.

Na montanha russa da vida, uma hora se está em cima, ao mesmo tempo que, num susto, em questão de segundos, você mesmo pode se lançar abaixo.

Valorize suas conquistas

Somos seres faltantes!

Não se culpe por isso.

Por que estamos sempre querendo mais?

Por que nunca nos damos por satisfeitos?

Por que o que temos hoje não é o essencial?

Justamente porque o prazer que sentimos durante o processo da conquista é tão grande que, quando conseguimos aquilo que tanto queríamos, perde-se a graça.

Então o cérebro precisa sentir tudo outra vez e, como uma bola de neve e um círculo vicioso, começamos, imediatamente após uma conquista, a busca por outra.

Isso acaba gerando ansiedade, tristeza e um sentimento de nunca estar totalmente preenchido.

Falta alguma coisa sempre.

E se não nos policiarmos diante dessa incessante busca pelo prazer durante o processo, estaremos sempre frustrados e nunca realizados.

Pois sempre haverá alguém mais interessante, um trabalho com salário melhor, um lugar mais bonito pra ser visitado, uma roupa que chama mais atenção.

Talvez seja a hora de olhar para as suas conquistas e valorizar o caminho que foi percorrido, relembrando sempre as pedras que você precisou usar pra construir o que se tem hoje.

Os delírios do ego tiram a nossa paz.

E é exatamente nela que precisamos colocar o foco.

Do contrário, passaremos por essa vida sem experimentar a verdadeira felicidade.

Construa a vida que você deseja

Por que deixamos que nosso imediatismo nos atrapalhe tanto a vida?

Por que não pensamos a longo prazo?

Por que temos tanto medo do processo se já temos a prova de que o tempo voa?

Às vezes, temos tanta vontade de fazer algo e desistimos no primeiro obstáculo por medo, por achar que vai demorar demais pra chegar onde eu quero, por preguiça ou por tantos outros fatores que travam a nossa caminhada.

Escutamos tanto "esse ano começo tal coisa". Os anos se passam e a pessoa continua sem começar, ou começou e desistiu no meio do caminho.

Onde foi parar a persistência?

O começar e finalizar?

O foco?

A determinação?

Sei lá....

Só sei que nada é fácil.

Estudar é trabalhoso, mas no dia da formatura é difícil ver alguém sem comemorar.

Todos querem ganhar o bônus sem ter trabalhado direito, receber o aumento sem merecimento.

Pular etapas.

Não tem como você ser bom em inglês se não pratica.

Nem aprender alemão se não fizer aula.

Muito menos ganhar um bom salário se não busca ser um bom profissional.

Reclamamos de coisas que não fazemos por nós mesmos.

Vivemos a utopia de como seria se chegássemos lá sem nem mesmo termos tentado.

Querer é poder.

Coloque seus planos em prática.

Agradeça pelo que já tem.

Não se esqueça de suas conquistas.

Seja persistente e não desista.

Quando você olhar pra trás observando o processo, vai ver como o tempo passou rápido e que, com foco e determinação, você alcançou o que tanto desejava.

Deixar o medo te comandar não te faz colher os frutos que a vida tem pra te oferecer.

Nós fazemos o caminho.

Nós escolhemos o futuro que desejamos ter.

Seu presente reflete o amanhã que você quer construir.

Olhe pra ele com carinho.

Você precisa saber que:

Repetindo os mesmos erros e reclamações, significa que você continua estacionado no mesmo lugar.

Mostra que a vida ainda não te ensinou, ou melhor, você não quis aprender.

Culpar o passado, as perdas, as dificuldades na caminhada, faz com que você perca tempo não aproveitando as oportunidades do presente.

A casa do sofrimento e da lamentação é super confortável.

Ao entrar nela, você não precisa se mexer.

Apenas se colocar como vítima, olhando, assim, a vida passar.

E ela passa....

E agora?

Vai aproveitar pra escrever uma nova história ou prefere continuar lendo os rabiscos do passado e folheando as páginas em branco do presente?

A escolha é sua.

Diga "não" à cultura do cancelamento

Não cancele e não aceite ser cancelado.

Fazemos isso uns com os outros desde a infância.

Você se lembra quando alguém dizia: "Não vamos mais falar com fulano. Não deixe ele sentar com a gente na hora do recreio".

Isso já era uma forma de excluir, de cancelar o outro.

Não somos mais crianças aqui.

E continuamos nesse círculo vicioso de nos colocar acima de tudo e de todos.

A pergunta é:

Quem sou eu pra cancelar você e quem é você para me cancelar?

Nessa vida vamos errar, acertar, errar mais uma vez, aprender, cair, levantar... quantas vezes for preciso até evoluirmos dentro do nosso propósito.

Dentro das relações.

E pra que isso aconteça, precisamos ter mais carinho com nós mesmos e com os outros.

Mais importante é entender que, quando o outro fala de você, ele diz sobre ele mesmo.

O outro não tem poder sobre você a não ser que você permita.

Se eu te cancelo me coloco em um lugar de superioridade, como se o que eu pensasse ou falasse fosse a verdade absoluta que todos deveriam seguir.

Comece a olhar mais o seu caminho, seus inúmeros defeitos, antes de apontar os dos outros.

Não tenha medo de ser cancelado, mas sim, de cancelar.

Isso é um sinal de que, ao apontar um dedo para alguém, os outros estarão apontados pra você.

NÃO PRECISO DIMINUIR PRA ME ENCAIXAR NO SEU MUNDO.

VOCÊ É QUEM PRECISA SE EXPANDIR PRA CABER NO MEU.

Liberte-se das gaiolas mentais

Quantas vezes nos enganamos pelas verdades que nós mesmos criamos?

Quantas vezes construímos gaiolas e nos colocamos dentro delas pelo medo da liberdade? Do desconhecido?

Na maioria das vezes, a prisão em que nos encontramos foi feita por nós mesmos. Entramos nela e culpamos o universo, o outro, o signo e a criação dos pais, pelas amarras que foram colocadas por nós mesmos em nossas mãos, pés, coração e pensamento.

A verdade que você vive é, de fato, real?

Você já se perguntou isso?

Ou será que você a consegue suportar pelo simples fato de ter medo ao sair da sua zona de conforto?

Todos os dias temos a chance de viver!

Viver o novo, experimentar, aprender.

Sem construções de grades, gaiolas, armadilhas.

Desprenda-se do que foi!

Aprenda.

E siga sem medo do novo.

Viva!

Deus te deu um presente que se chama presente!

Agora! No tempo de hoje!

Liberte-se!

Escolha viver!

Hoje eu acordei.

Abri meus olhos e vi que podia enxergar.

Escutei, então, o barulho da rua, senti o cheirinho ainda no travesseiro e gritei bem alto: bom-dia!

Levantei, percebi que podia andar.

Caminhei até a janela.

Abri uma por uma e depois olhei o céu.

Azul.... lindo!

Agradeci por tudo isso.

Tudo que esquecemos de agradecer todos os dias. Porque estamos acostumados com essa rotina.

Acordar. Já é motivo suficiente para agradecer e sentir que você pode tudo.

Que você é forte o suficiente para conquistar o mundo.

Simplesmente porque você está VIVO.

E se a história que planejou por acaso mudar no meio do caminho, continue a caminhada por outras estradas. Deixa o vento te conduzir.

Deixa a água te lavar a alma.

Cada dia é um novo dia.

E, lá na frente, vamos rir disso tudo quando lembrarmos que escolhemos: VIVER.

E não somente EXISTIR.

A graça de Deus

Eu sinto a presença de Deus em tudo.

Eu vejo Deus dentro de mim, ao movimentar meus braços, minhas mãos. Ao olhar pro meu coração.

Eu posso olhar o céu, com chuva, com sol, e perceber sua presença.

Não importa a diferença entre nada.

Ele está em tudo.

E, por isso, agradeço.

Por viver.

Pela oportunidade em nascer.

Eu agradeço pois fui escolhida para ser filha e ele está dentro de

Mim.

Por isso, não temo.

Eu vivo.

Pois sei que hoje estou aqui.

Mas amanhã posso estar com Deus.

E tudo bem, não sou eterna.

Mas meu espírito é.

E, enquanto nesse planeta-escola eu puder ficar e usufruir dele para meu crescimento, serei grata.

Por todas as oportunidades.

Por todos as pedras no caminho.

Por todos os risos os choros.

Serei grata.

E, assim, sigo em minha evolução.

Caindo, levantando, vivendo, aprendendo. Errando, acertando.

Com a certeza de que Deus caminha ao meu lado.

E por isso nunca, nunca estarei sozinha.

Na dor, no amor, em todos os momentos.

Tenho seu amparo.

Obrigada, meu Deus!

Se caso precisar de mim hoje, amanhã ou daqui a muitos anos, estarei preparada para retornar ao plano espiritual, com o coração tranquilo daquilo que o Senhor me ensinou.

Não tema, viva!

Tudo é passageiro.

Na estação da vida, uma hora se chega e na outra se vai!

Por isso, continuo pedindo:

Esteja sempre ao meu lado, meu pai.

Meu amor por ti é um rio que deságua no mar da fé, da alegria e da gratidão.

POEMAS

O amor

O amor acelera a alma.

É o desarranjar dos sentidos.

Você os perde.

Escava até o último grão de força e não consegue encontrar as repostas.

Talvez porque elas não existam.

O amor te faz ir do choro profundo ao riso desordenado.

Não te deixa dormir.

Intriga sua paz.

Distorce sua linha metódica.

Te faz flutuar em sensações que fogem do entendimento.

Faz parar no tempo.

É uma escolha?

Por vezes, sim.

Você pode até não embarcar, mas saiba que não entrará em contato com o mais intenso e profundo cárcere do seu âmago.

Saiba que viverá sem reconhecer todas as vicissitudes do ser.

Apenas passará pela vida.

Acenando ao navio que passa.

Mas você não vai embarcar.

E, assim, perderá as belezas do trajeto.

Não mergulhará nas profundezas do desconhecido.

Não passará pelas ondas que causam temor, ao mesmo tempo que revisitam suas emoções.

Não olhará para todas as dores, fraquezas, alegrias e cores.

Não dará o melhor abraço.

Não sentirá o melhor cheiro.

Não saberá o que é viver e morrer todos os dias por alguém.

Por você.

Renascimento

Me lave a alma.
Alma leve, levitou.
Recicla a energia de dentro pra fora.
Alma leve, nova.
Nova em tudo que restou.
Me leve e lave a hora que chegou.
Reflita a luz da alma que, de tão leve, voou...
Planou...
Pairou.

DE REPENTE, ME DEU UMA PAZ

QUE EU NEM SABIA QUE EXISTIA MAIS.

Olhos abertos

Nossos olhos tapados de ontem revelam hoje aquilo que não queríamos enxergar.

Mais cedo ou mais tarde a venda que te cobre a visão cai e você, mesmo não querendo, é obrigado a fitar.

E, mesmo assim, consciente da dor que foi furtiva, você insiste em negar tal descortinamento.

Quem, no final dessas linhas, é o responsável?

O outro, que te salienta a realidade, ou você, que decide por murar a sua capacidade de ver?

Imensidão

Eu carrego águas em meu nome.
E ele deságua no meu olhar.
Uma imensidão que se perde no horizonte.
Nem sempre doce.
Por vezes, salgada.
Porém, cristalina.
Mistura dos rios, do rio, de risos.
Quem é fonte se perde pelos caminhos como aventura do ser.
Mergulho profundo sem medo do desconhecido.
Do que nada... eu nado junto.
Do nada se inicia a vida e para o nada se retorna.
Ou será para o tudo!?
Sou rio...
Rios...
Mar.
Não queira me embeber num copo vazio.

Desejo

Pouco me importa de onde você vem.

O que desejo saber é se há verdade em seu coração.

Pouco me importa a sua idade.

Desejo saber se, durante a caminhada, você percorreu seu próprio caminho ou foi conduzido por algum outro que criaram pra você.

E quão profundo você foi em suas dores, amores, momentos, até o dia de hoje.

Pouco me importa quanto no banco você tem.

Desejo saber se você se sensibiliza com a desigualdade no mundo.

Pouco me importa se você não divide os seus problemas.

Desejo saber se os revela a si mesmo.

Pouco me importa o seu passado.

Desejo saber se realmente aprendeu e evoluiu, despertando, assim, para o futuro.

Pouco me importa quem é a sua família.

Desejo saber se há família dentro de você.

Pouco me importa as suas vontades.

Desejo saber se você é fiel a elas.

Pouco me importa se você traiu.

Desejo saber o quanto foi leal.

Pouco me importa quem é você para os outros.

Desejo saber se, pra você, sou o mesmo que és pra mim.

Desejo.

União

Nem eu, nem você!
Dessa vez, nós!
Adentrando a mata escura para escolher apenas um filete de luz que revela o céu aberto.
Eu, você, nós!
Ao esperar a nossa vez, esperamos!
Ao chegar no horário certo, chegamos!
Ao olhar um no olho do outro, olhamos!
Eu, você, nós!
Quão profunda e densa é a sensação de que agora é?
Quão irreal, improvável, era pra ser, mas não é?
Quanto você?
Quanto eu?
Tudo!
Nós!
Apenas isso!
Apenas o plano não planejado.
O caminho não trilhado.
O guia não chamado.
Eu com nada.
Você com nada.
Nós um tudo.
Um tanto.
De tanto em tanto entrou em ebulição.
Aqueceu, acendeu, inflamou, explodiu!
De um tudo!
E que tudo!
Apenas eu.
Apenas você.
Em um tanto de nós.
Sem nós!
Soltos e envoltos num só desejo.
O de ser um.
Apenas.

A VIDA É MUITO CURTA PARA SER MORNA.

OU ENTRA EM EBULIÇÃO OU É MELHOR NÃO ACENDER O FOGO.

A presença é o melhor presente

Seja um presente.
Não por estar presente
Mas por não se permitir ficar ausente.

Dê de presente o melhor.
O que se tem por dentro.
Verdadeiro ponto.
De quem não doa pouco
Permite o inteiro.

Ah, que saudade do estar.
Do presente.
De você.

Paixão

A paixão é como um animal em extinção.
Se você encontrar, aprecie.
Olhe.
Toque.
Sinta.
Porque vai passar.

Olá, adeus

Desde o primeiro olhar eu me despeço de você.

Preciso te deixar ir, mas não suporto o fato de ver a sua partida.

E, em conta-gotas, vou sofrendo.

Pelos cantos me recolho, mesmo com você ainda estando aqui. Porque sei que amanhã pode não estar.

E não porque você quer.

Mas, sim, porque eu sei que nossos dias já estariam contados.

Te beijo como se fosse a primeira vez, sabendo ser a última.

Te sinto como se fosse a última vez e, por isso, não consigo respirar.

Tenho essa tendência de matar em mim por medo do desconhecido.

Desde o primeiro olhar, eu me despeço de você.

Todo dia um pouco.

Pouco...

Pouco.

A luz no fim do túnel

Nem sempre o céu está azul.
Nem sempre o coração está em paz.
Nem sempre o nó na garganta se desfaz.
Mas há sempre uma esperança.
Um novo amanhecer.
Um sol pra nascer.
Nas tempestades da vida, quando você menos espera, a nuvem revela um arco-íris de cor.
Perdoe,
Doe...
Amor!
Só amor!

Resquícios

Vai!
Mas não se esqueça que aqui ainda fica...
O olhar!
O beijo!
O toque!
A voz!
O sorriso!
Misturados dentro de um coração perdido no caos.
Que você deixou.

VOCÊ É O PASSADO MAL RESOLVIDO, QUE TOMA CONTA DO MEU PRESENTE.

E, MESMO ASSIM, EU INSISTO EM PEDIR, VEEMENTEMENTE, QUE NÃO ME ABANDONE NO FUTURO.

Prateleiras

Existem coisas que precisam ser vividas.

Existem outras que não.

Existem aquelas que a gente força.

E existem as que vêm pra gente.

Procure entender cada uma delas respeitando a posição que ocupam.

Não queira colocar um elefante em um molde onde somente caberia um alfinete.

Libertação

Não sei o que é certo.
Não sei o que é errado.
Ou melhor,
Às vezes até sei.
Só não quero viver pensando que tenho que acertar sempre,
Muito menos agradar sempre.
Quero seguir sonhando.
Vivendo e me transformando.
Com o tempo...
Não quero seguir um plano.
Quero ser surpreendida.
Eu quero um olhar mais simples,
Que invade a alma como nunca antes foi invadida.
Quero tudo que não imaginava que existia.
Quero a verdade, a paixão que inquieta,
O olhar que desperta e revira a alma.
Mas não quero o controle de tudo.
Quero mais leveza.
Mais amor.
Mais tempo.
Mais eu.
Deixei na superfície somente o que pertence a ela.
Afinal de contas, aqui não se recebe entregas pela metade.

Se eu pudesse dar um nome à saudade, seria "Você"

A chama que arde
O vento que corta
A chuva que invade
E que, mesmo sendo tarde,
Derruba a porta
Implorando pra que não apague da memória, mas que me aguarde.

Oh! Paixão.
O que deixou aqui fora a solidão?
A vontade de ter, de ser, de poder em um só transformar.
Transbordar.
Eu juro,
Nada mais fui que tudo.
Tudo que poderia oferecer.
E, se eu pudesse mandar embora a saudade, com toda certeza, chamaria você!

Conhece-te a ti mesmo

Sinto que, na vida, mais importante do que saber o que se quer, é ter certeza do que não se deseja.

Então você, assim, acaba por se tornar autossuficiente.

E nem sempre isso é bom.

Você compreende que não é qualquer coisa que te abala.

Qualquer um que tira seu sono.

Qualquer beijo que te apaixona.

Compreende que você é responsável pelo seu caminho e não o outro.

E que, por isso, o valor está em você, não no outro.

Então se torna mais seletivo.

Quando isso acontece, os dedos são apontados pra você indicando exatamente o contrário de sua busca.

E, assim, tentam tirar a sua paz, o teu chão, a sua opinião, as conquistas, o valor...

E, mais uma vez, não conseguem.

Pois você aprendeu muito sobre seu íntimo.

Agora não é qualquer grito que chama a sua atenção.

Qualquer choro que engana o seu coração.

Qualquer palavra que te faz escorrer lágrimas.

Em vão.

Só você, no final do dia, sabe de você.

Os outros, não!

VOCÊ NÃO PRECISA ME DIMINUIR PRA SE SENTIR GRANDE.

E EU NÃO PRECISO PROVAR NADA PRA VOCÊ, A NÃO SER PRA MIM MESMA.

Mergulho no abismo

As mais belas fontes que guardavas em mim purificavam minha alma ao me entregar a ti.

Num mergulho mais profundo em busca de me enxergar, vejo você.

Mas de longe também posso reconhecer o infinito de almas desertas.

Talvez como eu.

Como você.

Então volto a perguntar: o que os céus têm a me oferecer?

Se não te tenho por perto, o que é mais incerto, então, que o amanhecer?

Mulher

Sou frágil, quando triste
Forte, quando luto
Calma, na caminhada
Sou *lady*, quando é preciso
Moleca, para os amigos
Mulher, em minha jornada

Sou intensa, quando amo
Rígida, quando faço
Vento que sopra leve
Fogo que não se apaga

Eu cuido, quando gosto
Também, quando não gosto, cuido
Sou todas dentro de mim
Não queira me fazer diferente
Eu sou assim

Me veja com bons olhos
Se orgulhe das minhas batalhas
Sou mulher que bate no peito
Com qualidades raras

Eu escuto, olho e falo ao mesmo tempo
Não preciso de uma tarefa só
Não me calo diante ao desrespeito
Sou mulher
Em pingo d'água, dou nó.

Encontros e desencontros

...e se encontraram.

Não houve tempo para perguntas, nem mesmo para conversas profundas.

Então o medo de revisitar aquele lugar remexendo no que, de fato, era pra estar adormecido, foi tão grande que, horas depois, seus olhares falaram e, para surpresa e tristeza do coração, os dois recuaram.

Outra vez

Me leve pra um lugar onde eu possa ser eu.
Somente eu.
Sem mentiras, julgamentos, falsos sorrisos.
Me livre de lugares leves que, com o passar do tempo, se tornam um peso.
Me leve pra algum lugar onde a imersão do meu eu é genuína.
Onde eu volte a ser criança.
Me traga de volta as boas lembranças.
Me faça esquecer de tudo do mundo.
E que eu possa ver um mundo em tudo.
Me leve com o vento.
Assopra em meu rosto o gosto da felicidade.
Que eu sinta os meus pés descalços na terra.
Onde eu mergulhe no mais profundo e intenso ponto do meu âmago.
Me traga vida.
Me mostre o caminho.
Me faça sentir...
Outra vez.
Mais uma só vez.

A beleza da jornada

Nós somos o fruto colhido das sementes que plantamos durante a caminhada.

Somos o resultado dos nossos sonhos.

As escolhas certas e erradas.

Nós somos o amor que doamos, sem pensar no que receberemos em troca.

Somos um pouco do presente refletido em um passado que, às vezes, bate à porta.

A beleza da vida está no trajeto e não no momento da conquista.

O processo te entrega aprendizado, se paga parcelado por isso, não à vista.

Uma mistura de tudo que ouvimos, vemos, sentimos, nos define únicos em meio a muitos.

Saiba quem você é.

Não desista de você.

Sinta o perfume de cada flor que aparece durante a sua jornada, mas também não se esqueça dos espinhos que, por vezes, maltrata.

Eles sim te farão forte.

Sorria mais.

Reclame menos.

A vida é muito rápida para ser passada longe de nós mesmos.

É FÁCIL SABER DO SEU FUTURO.

BASTA OLHAR PARA OS SEUS PENSAMENTOS E PARA AS SUAS AÇÕES DE HOJE.

ELES REVELARÃO EXATAMENTE O QUE VAI ACONTECER.

Eterno retorno

Espere por mim.

Aguarde meu retorno.

Faça isso não porque estou pedindo, mas pelo desejo que você tem em me ver voltar.

Aguarde e guarde durante esse tempo nossas melhores recordações.

Faça isso não porque estou pedindo, mas pela vontade que tem sua boca de dentro da minha estar.

Me espere.

Não saia de cena.

Talvez eu demore, mesmo sofrendo, em tempo não posso voltar.

Não perca a hora.

Faça amigos.

Trabalhe.

Viaje.

Durma.

Acorde.

Faça tudo, menos amor.

Nosso momento vai chegar.

Me espera olhando da janela assim como da primeira vez que me viu passar.

E, quanto mais os dias passam, os meses acabam, o ano se vai, eu insisto em pedir que me espere.

Prometo não demorar.

O universo em mim

Sou a sequência de decisões, amores, caminhos, ilusões.
Sou a paz de sempre, que nem sempre faz morada.
Sou vida, fogo, ar, mar...
Sou rios de mim.
Sou um pouco de tudo que mistura um muito.
Doce, principalmente quando amarga.
Olhar que até mesmo, em silêncio, fala.

Sou meus dias de alegria, outros de solidão.
E, saindo da fantasia, às vezes sinto que grito em vão.
Sou no mínimo o máximo de todas as vozes que falam em mim.
Elas nunca se calam.

Sou a busca por ser melhor,
Sou a vontade de não ser nada,
Ao mesmo tempo que tudo.

E esse tudo que muda o tempo todo em segundos?

Às vezes, viva,
Às vezes, cansada.

Sou a busca pela beleza que é rara.
A que vem de dentro.
Por fora não se encontra.
Então por isso, às vezes, me dou conta,
De que minha visão deturpa
E transforma sua culpa justamente no que eu queria ver.

Sou eu,
Ao mesmo tempo, sou você.

E nesse espelho embaçado
Que, quando olho, deseja ser quebrado
Mas que, no fundo, teme os tais sete anos de azar.

O que seria esse tal?
Talvez não soaria tão mal.
Já que viver precisando sempre sorrir pra não ter que justificar o que parece ser banal,
Me levaria aonde eu gostaria de estar.

Vai saber!
Não sei.
Estou aqui.
E não lá.

Quem sabe um dia

Eu queria mesmo é que a gente se encontrasse num outro momento.

Nos seus olhos eu então veria os tantos caminhos percorridos no tempo em que não estávamos juntos.

Perceberia as suas mudanças e o seu crescimento.

Deixaria acontecer.

Mas talvez eu tenha que conviver com a utopia desse segundo encontro.

E, também, de tantas mudanças que gostaria de enxergar em você.

Então, por isso, decido por olhar pra mim.

Aqui dentro.

E fazer por mim as mudanças que desejo ver.

Transformar em mim os caminhos e olhar meus próprios olhos no espelho me enxergando nova.

Muitas vezes, colocamos no outro a responsabilidade da mudança.

E, assim, permanecemos em estado de desatenção com as nossas próprias obrigações em buscar ser cada vez melhores.

Coloco em você a culpa.

Me isento de todo o resto.

Então, vamos combinar assim:

Eu me transformo e transbordo daqui aceitando seu tempo diante do processo.

Já você, desejo que faça como bem entender.

Daqui, mesmo que de longe, eu me comprometo a tentar florescer e me tornar melhor para que, quando esse encontro acontecer, você consiga olhar nos meus olhos enxergando algo diferente em mim.

E eu, assim espero, em você!

O sentido de tudo

Ressignificar.

Que possamos cada vez mais dar um novo sentido ao caminho quando a vida nos faz sair do trilho.

Nada acontece pelo mero e circunstancial acaso.

Tudo tem uma razão de ser.

Agradeça pelas adversidades.

São elas que te fazem crescer.

Oração para um bom amor

Que eu seja amor,
Carinho, paz!
Que eu o acolha quando estiver sem chão.
Que, no meu abraço, você se sinta em casa.
Que minhas palavras te preencham por dentro.
Que eu seja luz em meio a seus medos.
Que, nos meus beijos, você sinta a verdade.
Que, no meu olhar, você enxergue a sua metade.
Mas que não nos percamos de nós.
Jamais.
E que nunca nos tornemos um nó.
Mas, sim, um só.

QUANDO VOCÊ NÃO SOUBER COMO AJUDAR ALGUÉM, DEDIQUE UMA ORAÇÃO A ESSA PESSOA.

Um brinde ao que vivemos

Faço votos para que você seja feliz.

Já que, juntos, não podemos mais estar.

Não é porque precisou acabar que você tem que estar acorrentado a mim e eu a você pra sempre.

Pra quê?

O tempo em que estivemos juntos foi o necessário para o nosso crescimento e evolução.

Falo isso no singular.

Somos seres individuais.

Passei uma vida sem você.

E você, sem mim.

E, assim, agora seguiremos.

Isso não quer dizer que meu carinho não se mantenha por você.

Faço votos pra que a seu lado esteja alguém que te preencha.

Que te olhe com sorriso no rosto.

E que por esse alguém você sinta a mesma afeição.

Espero que pra mim você deseje o mesmo.

Tão necessário se desprender.

Tão necessário deixar ir sem rancor, mas sim, com amor.

Tão necessário olhar a foto e dizer:

Seja feliz!

Com todo o meu coração.

Desejo pra você o mesmo que quero pra mim.

A felicidade.

A mágoa, tristeza, posse...

Isso não!

Distração

A vida é como o fogo.

Sem o preparo, o oxigênio e o manuseio da lenha, a chama se apaga.

A luz se esvai.

A beleza é perdida em meio à fumaça de onde nada mais se pode fazer ou trazer.

Deixe que queime, porém observe.

Esteja atento à dança do abrasamento.

Não se distraia.

A linha que inflama, aguça, aviva é tênue.

Num piscar, ela se aniquila.

O balanço

Nem sempre posso ser tudo.

Às vezes, sou quase nada.

Como um balão que infla pra voar, mas logo precisa estar em solo novamente.

Meu tempo no céu varia.

Assim como o meu tempo no chão.

E nesse balanço do vento, vou levando.

Ou, talvez, sendo levada.

E aqueles que realmente são caros pra mim, reconhecem minha fragilidade, mas não deixam de enaltecer minha fortaleza.

Aconchego

O melhor da vida é ter pra onde voltar.

Colo pra deitar.

Abraço sincero.

Ouvidos atentos quando você precisa falar.

O melhor da vida é saber a hora de se recolher pra, no momento certo, ressurgir.

Não querer atropelar o tempo.

Aprender a chegar, mas também a sair.

O melhor da vida é quando se doa tudo sem esperar nada em troca.

É ter o coração tranquilo mesmo quando a tristeza bate à porta.

O melhor da vida é apreciar o trajeto.

Já que não se pode mudar o passado e o futuro é algo incerto.

O melhor da vida é ter por perto o sorriso de quem te dá paz.

É não saber colocar em palavras a imensidão do amor que se traz.

O melhor da vida é reconhecer e aproveitar quando a vida te presenteia com o "melhor da vida".

Celebração

Vamos colorir a vida com um laço de fita e um pouco de amor

Vamos olhar o infinito com olhos sorrindo de quem já conquistou

Vamos beijar com vontade, falar a verdade e não guardar rancor

Vamos fazer diferente
Seguindo em frente
Não causando dor

Quem sabe, a vida não muda
Se abrirmos os braços querendo o bem

O que é real vem de dentro
E só acontece pra quem não se retém

Tempo

O tempo é como o vento.
Num piscar você sente.
Num suspiro, se esvai.
E o que fica guardado é a pausa.
O hiato da memória.
Que, do coração, nunca sai.

Da brevidade

A vida é como uma estrada.

Às vezes, curta...

Rápida...

Nunca se sabe quando será o último suspiro.

O relance final.

E, mesmo breve, tem o seu brilho.

A borboleta, com toda sua beleza, irradia felicidade e leveza, se despedindo em menos de uma semana.

Enquanto nós, daqui, vivemos acreditando que o trem jamais abrirá a porta do vagão para descermos.

Que os trilhos, antes vistos da plataforma, são infinitos.

Doce ilusão.

Na estação da vida, uma hora se chega, na outra, se vai.

Vida breve, vida longa...

Viva!

Os dias estão mais curtos, nossa falta de atenção difunde como um lapso da memória.

As respostas estão dentro e não fora.

Os melhores momentos se encontram no íntimo, não no cenário projetado.

Viva intensamente os segundos que podem ser os últimos.

Chegamos aqui sozinhos e, daqui, da mesma forma, partiremos.

Desfrute de boas companhias durante o caminho.

Ame!

Sinta!

Se reinvente.

Hoje, de um jeito, amanhã, diferente!

Mas sempre fiel à sua essência.

Faça planos, porém não se prenda a eles.

Esteja aberto a tudo de maravilhoso que o universo tem a te oferecer.

Atente-se aos sinais, mas escute a voz do coração.

Ele sempre tem razão!

Seja bom, faça o seu melhor, mesmo que não receba nada em troca.

Sonhe, realize, faça acontecer!

Não para os outros, mas por você!

E, quando você chegar ao destino final, espero que não se arrependa de nada!

Principalmente, de não tentar!

Somos muito maiores do que enxergamos, somos as borboletas que colorem o nosso próprio universo.

Mesmo que seja breve, aproveite o processo!

Em retrospecto...

Quantas vezes precisei me perder para encontrar a mulher que hoje sou?

Quantos sentimentos que eu pensava sentir agora entendo que nada mais eram que nada?

Nada restou!

Quantas vezes resgatei a minha criança ferida pra na fase adulta me sentir abraçada?

Quantas vezes dormi sozinha, acordei chorando e, após um sorriso no trabalho, fui ovacionada?

Quantas vezes precisei de colo e todos pensaram que eu era forte o bastante pra compreender?

Quantas vezes a vida me chamou pra luta e eu, sem medo, lutei sozinha, sem ninguém.

Sem você.

Quantas vezes procurei caminhos pra preencher o vazio que trazia na minha alma?

E hoje entendo que, através de passos lentos, pude encontrar a calma.

Hoje compreendo.

Hoje não me perco.

Hoje eu escolho.

Hoje.

Não ontem.

Hoje!

A FELICIDADE QUE EM MIM HABITA DIZ MAIS SOBRE O MEU PRESENTE DO QUE SOBRE UM PASSADO QUE NÃO SE PODE MUDAR OU UM FUTURO QUE NÃO SE CONSEGUE PREVER.

Amor verdadeiro

Escolha alguém que abra o sorriso ao te ver chegar.
Que nunca de você desvie o olhar.
Que pegue em sua mão quando os caminhos tortuosos da vida você precisar atravessar.
Escolha alguém que te beije profundamente.
Que te abrace ao te ver chorar.
Escolha alguém que preste atenção ao que você sente.
Que te cubra à noite te fazendo sonhar.
Não aceite ser o segredo de ninguém.
Quem ama não mede esforços para demonstrar.
Quem ama quer te levar ao topo do mundo.
E, jamais, do mundo te ocultar.

A casa da árvore

A casa da árvore
Brota da terra?
Só se plantar com cuidado
Da árvore nasce o galho,
Que vira logo o cenário
Da casa que pode ser dela.

E como se sobe nela?
Subindo só se for com cautela,
Pra que nunca se quebre o galho
E a árvore não fique só.
Caso fique
Sofre em silêncio,
Volta e meia, chora
Da até pena.
Da dó.

O que posso pôr dentro?
Pode pôr cama e lareira,
Bota um fogão à lenha,
Que nada precisa mais.

Não esqueça de voltar todo dia.
Lembrando que a casa vazia
Se malcuidada fica
Logo, logo, se desfaz.

Meu eu

Em muito choro me afoguei.
Fui afundando sem sentir.
Imergi
Naufraguei
Meu eu em ti.

Ao te buscar, não encontrei,
E, no escuro, eu me vi.
Arrisquei e omiti
Meu eu em ti.

Peguei no sono e sonhei,
E, ao achar que eu te vi,
Acordei,
Procurei
Meu eu em ti.

Saí depressa sem temer
Não mais podia desistir
Respirei
Encarei
Meu eu em ti.

De tão perdida me encontrei.
Por não saber aonde ir, olhei em volta e, enfim, achei:
Meu eu em mim.